ED. C. M. HERZOG

CORNELII TACITI
ANNALIUM
LIBER XV
FASCICULUS

Bibliografische Information der Deutschen Bibliothek
Die Deutsche Bibliothek verzeichnet diese Publikation
in der Deutschen Nationalbibliografie;
detaillierte bibliografische Daten sind im Internet über
http://dnb.dnb.de abrufbar.

Publius (Gaius) Cornelius Tacitus: Annalium Libri

Cornelii Taciti

Opera Vol. I (liber XV)

Edidit Fridericus Haase

Editio stereotypa

Ex officina Bernhardi Tauchnitz

Lipsiae MDCCCLV (=1855)

Copy typist, proofreader, editor: C. M. Herzog, Magister Artium

1. Auflage

1st edition

© 2021, C. M. Herzog, Mag. phil.

Herstellung und Verlag:

BoD – Books on Demand, Norderstedt

ISBN: 9 783 753 425 238

Printed in Germany

HE THAT IS THY FRIEND INDEED,
HE WILL HELP THEE IN THY NEED!
WILLIAM SHAKESPEARE

CORNELII TACITI

ANNALIUM

AB EXCESSU DIVI AUGUSTI

LIBER QUINTUS DECIMUS

Breviarium.

Cap. 1. 2. Vologeses rex Parthorum bellum mente volvit, instigantibus fratre Tiridate et Monobazo Adiabeno, quem Tigranes vexarat. 3. Corbulo Syriae tuendae providet. 4. Parthi Monese duce Tigranocerta obsident. 5. Vologesi Corbulo inducias offert et impetrat. 6.-8. Caesennii Paeti Armeniae recens praefecti vanitas, ferocia, imperitia, iactantia. 9.-11. ab invadenda Syria Corbulo absterret Parthos, qui Armeniae et Paeto incumbunt. hic aegre Corbulonem auxilio vocat Parthis prementibus. 12. is in Armeniam profectus fugientes obiurgat, suos hortatur. 13. Vologeses instat Paeto. 14. 15. disceptatio inter Romanos et Parthos, ex qua Paeti foeda compositio. 16. Corbulo in Armeniam venit. 17. Paeto increpito Syriam repetit. 18. Romae inania de Parthis tropaea. frumentum plebis. vectigalia.

19. SC. de simulatis adoptionibus. 20. 21. Claudius Timarchus Cretensis accusatur, quod Thrasea Paetus ad bonum publicum vertit. 22. decretum grates praesidibus non agendas. portenta. 23. ob filiam Neroni natam immodica gaudia et frustranea. in Thraseam principis odium.

24. Legati Parthorum Romae irrisores. 25. bello Armeniaco praeficitur Corbulo. Paetum Caesar facetiis insectatur. 26. 27. Corbulo in Armeniam ducit exercitum, legatos Parthorum audit, defectores Armenios ulciscitur. 28.-30. Tiridates a Corbulone pacem petit et posito apud effigiem Caesaris insigni regio impetrat, comiterque excipitur a Corbulone. 31. Vologesis pro fratre sollicitudo.

32. Alpinos maritimos Nero in ius Latii transfert. equitum Romanorum in circo locos sedilibus plebis anteponit. feminae illustres senatoresque in arena. 33. Nero ipse Neapoli scenam

inscendit. 34. theatrum ruit. Beneventi Nero munus Vatinii spectat. 35. Torquatum Silanum mori adigit. 36. iter frustra meditatur in Orientem. 37. convivia luxu foeda celebrat ministro Tigellino. Pythagorae nubit. 38. 39. clades Romae ex incendio, forte an dolo principis, qui in remedium multa popularia usurpat. 40. 41. cladis magnitudo. novae urbis condendae consilium. 42. ex patriae ruinis immensam domum exstruit Nero. maiora frustra molitur. 43. novae urbis facies. 44. petita diis piacula frustra. incendii invidia in Christianos devoluta misere excruciatos. 45. Italiam, socios, templa spoliat Nero; aversantem id Senecam veneno petit.

46. Gladiatorum eruptio apud Praeneste. classis ad Misenum amissa. 47. prodigia. 48. coniuratio Pisonis in Neronem. 49. 50. coniuratorum nomina, mores, odiorum in Neronem causae. iis accedit Rufus praefectus praetorio. Subrii impetus. 51. Epicharis classem temptans proditur. 52. coniuratorum impetus retardatus a Pisone ob sacra mensae. 53. aliud coniuratorum consilium. 54. Scaevini imprudentia. Milichus servus herum defert, qui egregie se defendit, sed muliebri astutia deprehenditur. 55. 56. Natalis coniurationem fatetur, Pisonem, Senecam nominat, Lucanus matrem. 57. Epicharis tormentis dilacerata mirum fidei exemplum praestat. 58. Nero reos audit, quos violenter urget Rufus dissimulata conscientia. 59. Piso neglectis amicorum monitis occiditur. 60. eius testamentum et uxor. 61.-64. caedes Laterani et Senecae. huius defensio spreta, supremi sermones, amica contentio cum uxore, cuius mortem inhiberi Nero imperat. Senecae cruciatus, mors, funus. 65. ipse destinatus imperator a Subrio. 66. Rufus proditur. 67. 68. Subrii Flavii, Aspri, aliorum constantes voces et exitus. Rufi mollities. 69. 70. Nero Vestinum quamvis insontem interimit, mox Lucanum, Senecionem, Quinctianum, Scaevinum. 71. 72. simulata per urbem gaudia. indicibus praemia, suspectis militiae vacatio, aliis exilia, Turpiliano, Nervae, Tigellino triumphalia, Nymphidio consularia insignia data. 73. Nero adversum rumores se purgat. Gallionis periculum. 74. SC. ob servatum Neronem. pugio Scaevini dicatus Iovi Vindici.

Gesta haec sunt annis paulo amplius tribus, C. Memmio Regulo, Verginio Rufo; C. Laecanio Basso, M. Licinio Crasso; P. Silio Nerva, C. Iulio Attico Vestino coss.

I. Interea rex Parthorum Vologeses cognitis Corbulonis rebus regemque alienigenam Tigranen Armeniae impositum, simul fratre Tiridate pulso spretum Arsacidarum fastigium ire ultum volens, magnitudine rursum Romana et continui foederis reverentia diversas ad curas trahebatur, cunctator ingenio et defectione Hyrcanorum, gentis validae, multisque ex eo bellis illigatus. atque illum ambiguum novus insuper nuntius contumeliae extimulat: quippe egressus Armenia Tigranes Adiabenos, conterminam nationem, latius ac diutius quam per latrocinia vastaverat, idque primores gentium aegre tolerabant, eo contemptionis descensum ut ne duce quidem Romano incursarentur, sed temeritate obsidis tot per annos inter mancipia habiti. accendebat dolorem eorum Monobazus, quem penes Adiabenum regimen, quod praesidium aut unde peteret rogitans. iam de Armenia concessum, proxima trahi; et nisi defendant Parthi, levius servitium apud Romanos deditis quam captis esse. Tiridates quoque regni profugus per silentium aut modice querendo gravior erat: non enim ignavia magna imperia contineri; virorum armorumque faciendum certamen; id in summa fortuna aequius quod validius; et sua retinere privatae domus, de alienis certare regiam laudem esse.

II. Igitur commotus his Vologeses concilium vocat et proximum sibi Tiridaten constituit atque ita orditur: "hunc ego eodem mecum patre genitum, cum mihi per aetatem summo nomine concessisset, in possessionem Armeniae deduxi, qui tertius potentiae gradus habetur: nam Medos Pacorus ante ceperat; videbarque contra vetera fratrum odia et certamina familiae nostrae penates rite composuisse: prohibent Romani et pacem numquam ipsis prospere lacessitam nunc quoque in exitium suum abrumpunt. non ibo infitias: aequitate quam sanguine, causa quam armis retinere parta maioribus malueram; si cunctatione deliqui, virtute corrigam: vestra quidem vis et gloria in integro est, addita modestiae fama, quae neque summis mortalium spernenda est et a dis aestimatur." simul diademate caput Tiridatis evinxit, promptam equitum manum, quae regem ex more sectatur, Monesi, nobili viro, tradidit adiectis Adiabenorum auxiliis, mandavitque Tigranen Armenia exturbare, dum ipse positis adversus Hyrcanos discordiis vires intimas molemque belli ciet provinciis Romanis minitans.

III. Quae ubi Corbuloni certis nuntiis audita sunt, legiones duas cum Verulano Severo et Vettio Bolano subsidium Tigrani mittit, occulto praecepto, compositius cuncta quam festinantius agerent: quippe bellum habere quam gerere malebat, scripseratque Caesari proprio duce opus esse, qui Armeniam defenderet: Syriam ingruente Vologese acriore in discrimine esse. atque interim reliquas legiones pro ripa Euphratis locat, tumultuariam provincialium manum armat, hostiles ingressus praesidiis intercipit. et quia egena aquarum regio est, castella fontibus inposita; quosdam rivos congestu harenae abdidit.

IV. Ea dum a Corbulone tuendae Syriae parantur, acto raptim agmine Moneses, ut famam sui praeiret, non ideo nescium aut incautum Tigranen offendit: occupaverat Tigranocertam, urbem copia defensorum et magnitudine moenium validam; ad hoc Nicephorius amnis haud spernenda latitudine partem murorum ambit et ducta ingens fossa, qua fluvio diffidebatur; inerantque milites et provisi ante commeatus, quorum subvectu pauci avidius progressi et repentinis hostibus circumventi ira magis quam metu ceteros accenderant. sed Partho ad exsequendas obsidiones nulla comminus audacia: raris sagittis neque clausos exterret et semet frustratur. Adiabeni cum promovere scalas et machinamenta inciperent, facile detrusi, mox erumpentibus nostris caeduntur.

V. Corbulo tamen, quamvis secundis rebus suis, moderandum fortunae ratus misit ad Vologesen qui expostularent vim provinciae illatam; socium amicumque regem, cohortes Romanas circumsideri. omitteret potius obsidionem, aut se quoque in agro hostili castra positurum. Casperius centurio in eam legationem delectus apud oppidum Nisibin, septem et triginta milibus passuum a Tigranocerta distantem, adit regem et mandata ferociter edidit. Vologesi vetus et penitus infixum erat arma Romana vitandi; nec praesentia prospere fluebant: irritum obsidium; tutus manu et copiis Tigranes; fugati qui expugnationem sumpserant; missae in Armeniam legiones, et aliae pro Syria paratae ultro irrumpere; sibi inbecillum equitem pabuli inopia; nam exorta vis locustarum *ambed*erat quidquid herbidum aut frondosum: igitur metu abstruso mitiora obtendens, missurum ad imperatorem Romanum legatos super petenda Armenia et firmanda pace respondet; Monesen omittere Tigranocertam iubet, ipse retro concedit.

VI. Haec plures ut formidine regis et Corbulonis minis patrata ac magnifica extollebant; alii occulte pepigisse interpretabantur, ut omisso utrimque bello et abeunte Vologese Tigranes quoque Armenia abscederet: cur enim exercitum Romanum a Tigranocertis deductum? cur deserta per otium quae bello defenderant? an melius hibernavisse in extrema Cappadocia, raptim erectis tuguriis, quam in sede regni modo retenti? dilata prorsus arma, ut Vologeses cum alio quam cum Corbulone certaret, Corbulo meritae tot per annos gloriae non ultra periculum faceret. nam, ut rettuli, proprium ducem tuendae Armeniae poposcerat, et adventare Caesennius Paetus audiebatur. iamque aderat, copiis ita divisis ut quarta et duodecima legiones addita quinta, quae recens e Moesis excita erat, simul Pontica et Galatarum Cappadocumque auxilia Paeto oboedirent, tertia et sexta et decuma legiones priorque Syriae miles apud Corbulonem manerent, cetera ex rerum usu sociarent partirenturve. sed neque Corbulo aemuli patiens, et Paetus, cui satis ad gloriam erat si proximus haberetur, despiciebat gesta, nihil caedis aut praedae, usurpatas nomine tenus urbium expugnationes dictitans: se tributa ac leges et pro umbra regis Romanum ius victis impositurum.

VII. Sub idem tempus legati Vologesis, quos ad principem missos memoravi, revertere inriti, bellumque propalam sumptum a Parthis. nec Paetus detrectavit, sed duabus legionibus, quarum quartam Funisulanus Vettonianus eo in tempore, duodecimam Calavius Sabinus regebant, Armeniam intrat, tristi omine; nam in transgressu Euphratis, quem ponte tramittebant, nulla palam causa turbatus equus, qui consularia insignia gestabat, retro evasit, hostiaque quae muniebantur hibernaculis adsistens semifacta opera fuga perrupit seque vallo extulit, et pila militum arsere, magis insigni prodigio, quia Parthus hostis missilibus telis decertat.

VIII. Ceterum Paetus spretis ominibus, necdum satis firmatis hibernaculis, nullo rei frumentariae provisu, rapit exercitum trans montem Taurum reciperandis, ut ferebat, Tigranocertis vastandisque regionibus quas Corbulo integras omisisset. et capta quaedam castella, gloriaeque et praedae nonnihil partum, si aut gloriam cum modo aut praedam cum cura habuisset: longinquis itineribus percursando quae obtineri nequibant, corrupto qui captus erat commeatu et instante iam hieme, reduxit exercitum conposuitque ad Caesarem litteras quasi confecto bello, verbis magnificis, rerum vacuas.

IX. Interim Corbulo numquam neglectam Euphratis ripam crebrioribus praesidiis insedit, et ne ponti iniciendo impedimentum hostiles turmae afferrent - iam enim subiectis campis magna specie volitabant - naves magnitudine praestantes et connexas trabibus ac turribus auctas agit per amnem catapultisque et balistis proturbat barbaros, in quos saxa et hastae longius permeabant, quam ut contrario sagittarum iactu adaequarentur. dein pons continuatus collesque adversi per socias cohortes, post legionum castris occupantur, tanta celeritate et ostentatione virium ut Parthi omisso paratu invadendae Syriae spem omnem in Armeniam verterent;

X. ubi Paetus imminentium nescius, quintam legionem procul in Ponto habebat, reliquas promiscis militum commeatibus infirmaverat, donec adventare Vologesen magno et infenso agmine auditum. accitur legio duodecima, et unde famam aucti exercitus speraverat, prodita infrequentia, qua tamen retineri castra et eludi Parthus tractu belli poterat, si Paeto aut in suis aut in alienis consiliis constantia fuisset: verum ubi a viris militaribus adversus urgentes casus firmatus erat, rursus, ne alienae sententiae indigens videretur, in diversa ac deteriora transibat. et tunc relictis hibernis, non fossam neque vallum sibi sed corpora et arma in hostem data clamitans, duxit legiones quasi proelio certaturus. deinde amisso centurione et paucis militibus, quos visendis hostium copiis praemiserat, trepidus remeavit, et quia minus acriter Vologeses institerat, vana rursus fiducia tria milia delecti peditis proximo Tauri iugo imposuit, quo transitum regis arcerent; alares quoque Pannonios, robur equitatus, in parte campi locat; coniunx ac filius castello, cui Arsamosata nomen est, abditi, data in praesidium cohorte ac disperso milite, qui in uno habitus vagum hostem promptius sustentavisset. ** et aegre compulsum ferunt ut instantem Corbuloni fateretur. nec a Corbulone properatum, quo gliscentibus periculis etiam subsidii laus augeretur. expediri tamen itineri singula milia ex tribus legionibus et alarios octingentos, parem numerum e cohortibus iussit.

XI. At Vologeses, quamvis obsessa a Paeto itinera hinc peditatu inde equite accepisset, nihil mutato consilio, sed vi ac minis alares exterruit, legionarios obtrivit, uno tantum centurione Tarquitio Crescente turrim, in qua praesidium agitabat, defendere auso factaque saepius eruptione et caesis qui barbarorum propius suggrediebantur, donec ignium iactu circumveniretur; peditum si quis integer, longinqua et avia, vulnerati castra repetivere, virtutem regis, saevitiam et copias gentium, cuncta metu extollentes, facili credulitate eorum qui eadem pavebant; ne dux quidem obniti adversis, sed cuncta militiae munia deseruerat, missis iterum ad Corbulonem precibus, veniret propere, signa et aquilas et nomen reliquum infelicis exercitus tueretur: se fidem interim, donec vita subpeditet, retenturos.

XII. Ille interritus et parte copiarum apud Syriam relicta, ut munimenta Euphrati inposita retinerentur, qua proximum et commeatibus non egenum, regionem Commagenam, exim Cappadociam, inde Armenios petivit; comitabantur exercitum praeter alia sueta bello magna vis camelorum onusta frumenti, ut simul hostem famemque depelleret. primum e perculsis Paccium, primi pili centurionem, obvium habuit, dein plerosque militum; quos diversas fugae causas obtendentes redire ad signa et clementiam Paeti experiri monebat: se nisi victoribus immitem esse. simul suas legiones adire, hortari, priorum admonere, novam gloriam ostendere: non vicos aut oppida Armeniorum sed castra Romana duasque in iis legiones pretium laboris peti. si singulis manipularibus praecipua servati civis corona imperatoria manu tribueretur, quod illud et quantum decus, ubi par eorum numerus apisceretur, qui adtulissent salutem et qui accepissent! his atque talibus in commune alacres - et erant quos pericula fratrum aut propinquorum propriis stimulis incenderent -continuum diu noctuque iter properabant.

XIII. eoque intentius Vologeses premere obsessos, modo vallum legionum, modo castellum, quo inbellis aetas defendebatur, adpugnare, propius incedens quam mos Parthis, si ea temeritate hostem in proelium eliceret. at illi vix contuberniis extrahi, nec aliud quam munimenta propugnabant, pars iussu ducis, et alii propria ignavia, aut Corbulonem opperientes, ac vis *si* ingrueret, provisis exemplis Caudinae Numantin*aeque cladis*; neque eandem vim Samnitibus, Italico populo, aut Poenis, Romani imperii aemulis. validam quoque et laudatam antiquitatem, quotiens fortuna contra daret, saluti consuluisse. qua desperatione exercitus dux subactus primas tamen litteras ad Vologesen non supplices sed in modum querentis composuit, quod pro Armeniis semper Romanae dicionis aut subiectis regi, quem imperator delegisset, hostilia faceret; pacem ex aequo utilem; ne praesentia tantum spectaret: ipsum adversus duas legiones totis regni viribus advenisse: at Romanis orbem terrarum reliquum, quo bellum iuvarent.

XIV. Ad ea Vologeses nihil pro causa, sed opperiendos sibi fratres Pacorum ac Tiridaten rescripsit; illum locum tempusque consilio destinatum quid de Armenia cernerent; adiecisse deos dignum Arsacidarum: simul et de legionibus Romanis statuerent. missi posthac *a* Paeto nuntii et regis colloquium petitum, qui Vasacen, praefectum equitatus, ire iussit. tum Paetus Lucullos, Pompeios et si qua Caesares obtinendae donandaeve Armeniae egerant, Vasaces imaginem retinendi largiendive penes nos, vim penes Parthos memorat. et multum in vicem disceptato Monobazus Adiabenus in diem posterum testis his quae pepigissent adhibetur, placuitque liberari obsidio legiones et decedere omnem militem finibus Armeniorum castellaque et commeatus Parthis tradi; quibus perpetratis copia Vologesi fieret mittendi ad Neronem legatos.

XV. Interim flumini Arsaniae - is castra praefluebat - pontem imposuit, specie sibi illud iter expedientis: sed Parthi quasi documentum victoriae iusserant; namque iis usui fuit; nostri per diversum iere. addidit rumor sub iugum missas legiones et alia ex rebus infaustis, quorum simulacrum ab Armeniis usurpatum est: namque et munimenta ingressi sunt, antequam agmen Romanum excederet, et circumstetere vias, captiva olim mancipia aut iumenta adgnoscentes abstrahentesque; raptae etiam vestes, retenta arma, pavido milite et concedente, ne qua proelii causa existeret. Vologeses armis et corporibus caesorum agge*r*atis, quo cladem nostram testaretur, visu fugientium legionum abstinuit: fama moderationis quaerebatur, postquam superbiam expleverat. flumen Arsaniam elephanto insidens, proximus quisque regem vi equorum perrupere, quia rumor incesserat pontem cessurum oneri dolo fabricantium; sed qui ingredi ausi sunt, validum et fidum intellexere.

XVI. Ceterum obsessis adeo suppeditavisse rem frumentariam constitit ut horreis ignem inicerent contraque prodiderit Corbulo Parthos inopes copiarum et pabulo attrito relicturos oppugnationem, neque se plus tridui itinere afuisse. adicit iure iurando Paeti cautum apud signa, astantibus iis quos testificando rex misisset, neminem Romanum Armeniam ingressurum, donec referrentur litterae Neronis, an paci annueret. quae ut augendae infamiae composita, sic reliqua non in obscuro habentur, una die quadraginta milium spatium emensum esse Paetum, desertis passim sauciis, neque minus deformem illam fugientium trepidationem quam si terga in acie vertissent. Corbulo cum suis copiis apud ripam Euphratis obvius non eam speciem insignium et armorum praetulit ut diversitatem exprobraret: maesti manipuli ac vicem commilitonum miserantes ne lacrimis quidem temperare; vix prae fletu usurpata consalutatio; decesserat certamen virtutis et ambitio gloriae, felicium hominum affectus: sola misericordia valebat, et apud minores magis.

XVII. Ducum inter se brevis sermo secutus est, hoc conquerente inritum laborem; potuisse bellum fuga Parthorum finiri; ille integra utrique cuncta respondit: converterent aquilas et iuncti invaderent Armeniam abscessu Vologesis infirmatam. non ea imperatoris habere mandata Corbulo: periculo legionum commotum e provincia egressum; quando in incerto habeantur Parthorum conatus, Syriam repetiturum; sic quoque optimam fortunam orandam, ut pedes confectus spatiis itinerum alacrem et facilitate camporum praevenientem equitem adsequeretur. exin Paetus per Cappadociam hibernavit. at Vologesis ad Corbulonem missi nuntii: detraheret castella trans Euphraten amnemque, ut olim, medium faceret. ille Armeniam quoque diversis praesidiis vacuam fieri expostulabat. et postremo concessit rex; dirutaque quae Euphraten ultra communiverat Corbulo, et Armenii sine arbitro relicti sunt.

XVIII. At Romae tropaea de Parthis arcusque medio Capitolini montis sistebantur, decreta ab senatu integro adhuc bello neque tum omissa, dum aspectui consulitur spreta conscientia. quin et dissimulandis rerum externarum curis Nero frumentum plebis vetustate corruptum in Tiberim iecit, quo securitatem annonae sustentaret; cuius pretio nihil additum est, quamvis ducentas ferme naves portu in ipso violentia tempestatis et centum alias Tiberi subvectas fortuitus ignis absumpsisset. tris dein consulares, L. Pisonem, Ducenium Geminum, Pompeium Paulinum, vectigalibus publicis praeposuit, cum insectatione priorum principum, qui gravitate sumptuum iustos reditus anteissent: se annuum sexcenties sestertium rei publicae largiri.

XIX. Percrebuerat ea tempestate pravissimus mos, cum propinquis comitiis aut sorte provinciarum plerique orbi fictis adoptionibus adsciscerent filios, praeturasque et provincias inter patres sortiti statim emitterent manu quos adoptaverant. magna cum invidia senatum adeunt, ius naturae, labores educandi adversus fraudem et artes et brevitatem adoptionis enumerant: satis pretii esse orbis quod multa securitate, nullis oneribus gratiam, honores, cuncta prompta et obvia haberent: sibi promissa legum diu expectata in ludibrium verti, quando quis sine sollicitudine parens, sine luctu orbus longa patrum vota repente adaequaret. factum ex eo senatus consultum ne simulata adoptio in ulla parte muneris publici iuvaret ac ne usurpandis quidem hereditatibus prodesset.

XX. Exim Claudius Timarchus Cretensis reus agitur, ceteris criminibus, ut solent praevalidi provincialium et opibus nimiis ad iniurias minorum elati: una vox eius usque ad contumeliam senatus penetraverat, quod dictitasset in sua potestate situm an proconsulibus, qui Cretam obtinuissent, grates agerentur. quam occasionem Paetus Thrasea ad bonum publicum vertens, postquam de reo censuerat provincia Creta depellendum, haec addidit:
"Usu probatum est, patres conscripti, leges egregias, exempla honesta apud bonos ex delictis aliorum gigni. sic oratorum licentia Cinciam rogationem, candidatorum ambitus Iulias leges, magistratuum avaritia Calpurnia scita pepererunt; nam culpa quam poena tempore prior, emendari quam peccare posterius est. ergo adversus novam provincialium superbiam dignum fide constantiaque Romana capiamus consilium, quo

tutelae sociorum nihil derogetur, nobis opinio decedat, qualis quisque habeatur, alibi quam in civium iudicio esse.

XXI. olim quidem non modo praetor aut consul sed privati etiam mittebantur, qui provincias viserent et quid de cuiusque obsequio videretur referrent, trepidabantque gentes de aestimatione singulorum: at nunc colimus externos et adulamur, et quomodo ad nutum alicuius grates, ita promptius accusatio decernitur: decernaturque, et maneat provincialibus potentiam suam tali modo ostentandi; sed laus falsa et precibus expressa perinde cohibeatur quam malitia, quam crudelitas. plura saepe peccantur dum demeremur quam dum offendimus; quaedam immo virtutes odio sunt, severitas obstinata, invictus adversum gratiam animus: inde initia magistratuum nostrorum meliora ferme, et finis inclinat, dum in modum candidatorum suffragia conquirimus; quae si arceantur, aequabilius atque constantius provinciae regentur. nam ut metu repetundarum infracta avaritia est, ita vetita gratiarum actione ambitio cohibetur."

XXII. Magno adsensu celebrata sententia; non tamen senatus consultum perfici potuit, abnuentibus consulibus ea de re relatum; mox auctore principe sanxere, ne quis ad concilium sociorum referret agendas apud senatum **pro** praetoribus prove consulibus grates, neu quis ea legatione fungeretur.

Isdem consulibus gymnasium ictu fulminis conflagravit, effigiesque in eo Neronis ad informe aes liquefacta. et motu terrae celebre Campaniae oppidum Pompeii magna ex parte proruit. defunctaque virgo Vestalis Laelia, in cuius locum Cornelia ex familia Cossorum capta est.

XXIII. Memmio Regulo et Verginio Rufo consulibus natam sibi ex Poppaea filiam Nero ultra mortale gaudium accepit appellavitque Augustam dato et Poppaeae eodem cognomento; locus puerperio colonia Antium fuit, ubi ipse generatus erat. iam senatus uterum Poppaeae commendaverat dis votaque publice susceperat, quae multiplicata exsolutaque, et additae supplicationes templumque Fecunditati et certamen ad exemplar Actiacae religionis decretum, utque Fortunarum effigies aureae in solio Capitolini Iovis locarentur, ludicrum circense ut Iuliae genti apud Bovillas, ita Claudiae Domitiaeque apud Antium ederetur: quae fluxa fuere, quartum intra mensem defuncta infante. rursusque exortae adulationes censentium honorem divae et pulvinar aedemque et sacerdotem; atque ipse ut laetitiae, ita maeroris immodicus egit. adnotatum est, omni senatu Antium sub recentem partum effuso, Thraseam prohibitum inmoto animo praenuntiam imminentis caedis contumeliam excepisse; secutam dehinc vocem Caesaris ferunt, qua reconciliatum se Thraseae apud Senecam iactaverit, ac Senecam Caesari gratulatum: unde gloria egregiis viris et pericula gliscebant.

XXIV. Inter quae veris principio legati Parthorum mandata regis Vologesis litterasque in eandem formam attulere: se priora et totiens iactata super obtinenda Armenia nunc omittere, quoniam dii, quamvis potentium populorum arbitri, possessionem Parthis non sine ignominia Romana tradidissent: nuper clausum Tigranen; post Paetum legionesque cum opprimere posset, incolumes dimisisse; satis adprobatam vim; datum et lenitatis experimentum. nec recusaturum Tiridaten accipiendo diademati in urbem venire, nisi sacerdotii religione attineretur: iturum ad signa et effigies principis, ubi legionibus coram regnum auspicaretur.

XXV. Talibus Vologesis litteris, quia Paetus diversa tamquam rebus integris scribebat, interrogatus centurio qui cum legatis advenerat, quo in statu Armenia esset, omnes inde Romanos excessisse respondit. tum intellecto barbarorum inrisu, qui peterent quod eripuerant, consuluit inter primores civitatis Nero, bellum anceps an pax inhonesta placeret. nec dubitatum de bello; et Corbulo militum atque hostium tot per annos gnarus gerendae rei praeficitur, ne cuius alterius inscitia rursum peccaretur, quia Paeti piguerat. igitur inriti remittuntur, cum donis tamen, unde spes fieret non frustra eadem oraturum Tiridaten, si preces ipse attulisset; Syriaeque executio C. Itio, copiae militares Corbuloni permissae; et quinta decuma legio ducente Mario Celso e Pannonia adiecta est; scribitur tetrarchis ac regibus praefectisque et procuratoribus, et qui praetorum finitimas provincias regebant, iussis Corbulonis obsequi in tantum ferme modum aucta potestate, quem populus Romanus Cn. Pompeio bellum piraticum gesturo dederat. regressum Paetum, cum graviora metueret, facetiis insectari satis habuit Caesar, his ferme verbis: ignoscere se statim, ne tam promptus in pavorem longiore sollicitudine aegresceret.

XXVI. At Corbulo quarta et duodecuma legionibus, quae fortissimo quoque amisso et ceteris exterritis parum habiles proelio videbantur, in Syriam translatis, sextam inde ac tertiam legiones, integrum militem et crebris ac prosperis laboribus exercitum, in Armeniam ducit, addiditque legionem quintam, quae per Pontum agens expers cladis fuerat, simul quintadecumanos recens adductos et vexilla delectorum ex Illyrico et Aegypto, quodque alarum cohortiumque, et auxilia regum in unum conducta apud Melitenen, qua tramittere Euphraten parabat. tum lustratum rite exercitum ad contionem vocat orditurque magnifica de auspiciis imperatoris rebusque a se gestis, adversa in inscitiam Paeti declinans, multa auctoritate, quae viro militari pro facundia erat.

XXVII. Mox iter L. Lucullo quondam penetratum, apertis quae vetustas obsepserat, pergit, et venientes Tiridatis Vologesisque de pace legatos haud aspernatus, adiungit iis centuriones cum mandatis non inmitibus: nec enim adhuc eo ventum ut certamine extremo opus esset; multa Romanis secunda, quaedam Parthis evenisse, documento adversus superbiam: proinde et Tiridati conducere intactum vastationibus regnum dono accipere, et Vologesen melius societate Romana quam damnis mutuis genti Parthorum consulturum. scire quantum intus discordiarum, quamque indomitas et praeferoces nationes regeret: contra imperatori suo immotam ubique pacem et unum id bellum esse. simul consilio terrorem adicere, et megistanas Armenios, qui primi a nobis defecerant, pellit sedibus, castella eorum excindit, plana, edita, validos invalidosque pari metu complet.

XXVIII. Non infensum nec cum hostili odio Corbulonis nomen etiam barbaris habebatur, eoque consilium eius fidum credebant; ergo Vologeses neque atrox in summam, et quibusdam praefecturis indutias petit; Tiridates locum diemque colloquio poscit. tempus propinquum, locus, in quo nuper obsessae cum Paeto legiones erant, tum barbaris delectus est ob memoriam laetioris sibi rei, Corbuloni non vitatus, ut dissimilitudo fortunae gloriam augeret; neque infamia Paeti angebatur, quod eo maxime patuit, quia filio eius tribuno ducere manipulos atque operire reliquias malae pugnae imperavit. die pacta Tiberius Alexander, inlustris eques Romanus, minister bello datus, et Vinianus Annius, gener Corbulonis, nondum senatoria aetate sed pro legato quintae legioni inpositus, in castra Tiridatis venere, honori eius, ac ne metueret insidias tali pignore. viceni dehinc equites adsumpti; et viso Corbulone rex prior equo desiluit; nec cunctatus Corbulo, sed pedes uterque dexteras miscuere.

XXIX. Exin Romanus laudat iuvenem omissis praecipitibus tuta et salutaria capessentem. ille de nobilitate generis multum praefatus cetera temperanter adiungit: iturum quippe Romam laturumque novum Caesari decus, non adversis Parthorum rebus supplicem Arsaciden. tum placuit Tiridaten ponere apud effigiem Caesaris insigne regium nec nisi manu Neronis resumere; et colloquium osculo finitum. dein paucis diebus interiectis magna utrimque specie inde eques compositus per turmas et insignibus patriis, hinc agmina legionum stetere fulgentibus aquilis signisque et simulacris deum in modum templi; medio tribunal sedem curulem et sedes effigiem Neronis sustinebat, ad quam progressus Tiridates caesis ex more victimis sublatum capite diadema imagini subiecit, magnis apud cunctos animorum motibus, quos augebat insita adhuc oculis exercituum Romanorum caedes aut obsidio: at nunc versos casus; iturum Tiridaten ostentui gentibus, quanto minus quam captivum?

XXX. Addidit gloriae Corbulo comitatem epulasque; et rogitante rege causas, quotiens novum aliquid adverterat, ut initia vigiliarum per centurionem nuntiari, convivium bucina dimitti et structam ante augurale aram subdita face accendi, cuncta in maius attollens admiratione prisci moris affecit. postero die spatium oravit, quo tantum itineris aditurus fratres ante matremque viseret: obsidem interea filiam tradit litterasque supplices ad Neronem.

XXXI. et digressus Pacorum apud Medos, Vologesen Ecbatanis repperit, non incuriosum fratris: quippe et propriis nuntiis a Corbulone petierat, ne quam imaginem servitii Tiridates perferret neu ferrum traderet aut complexu provincias obtinentium arceretur foribusve eorum adsisteret, tantusque ei Romae quantus consulibus honor esset: scilicet externae superbiae sueto non inerat notitia nostri, apud quos vis imperii valet, inania tramittuntur.

XXXII. Eodem anno Caesar nationes Alpium maritimarum in ius Latii transtulit. equitum Romanorum locos sedilibus plebis anteposuit apud circum; namque ad eam diem indiscreti inibant, quia lex Roscia nihil nisi de quattuordecim ordinibus sanxit. spectacula gladiatorum idem annus habuit, pari magnificentia ac priora; sed feminarum illustrium senatorumque plures per arenam foedati sunt.

XXXIII. C. Laecanio, M. Licinio consulibus acriore in dies cupidine adigebatur Nero promiscas scenas frequentandi. nam adhuc per domum aut hortos cecinerat Iuvenalibus ludis, quos ut parum celebres et tantae voci angustos spernebat; non tamen Romae incipere ausus Neapolim quasi Graecam urbem delegit: inde initium fore, ut transgressus in Achaiam insignesque et antiquitus sacras coronas adeptus maiore fama studia civium eliceret. ergo contractum oppidanorum volgus, et quos e proximis coloniis et municipiis eius rei fama acciverat, quique Caesarem per honorem aut varios usus sectantur, etiam militum manipuli, theatrum Neapolitanorum complent.

XXXIV. Illic, plerique ut arbitrabantur, triste, ut ipse, providum potius et secundis numinibus evenit: nam egresso qui affuerat populo vacuum et sine ullius noxa theatrum collapsum est. ergo per conpositos cantus grates dis atque ipsam recentis casus fortunam celebrans petiturusque maris Hadriae traiectus apud Beneventum interim consedit, ubi gladiatorium munus a Vatinio celebre edebatur: Vatinius inter foedissima eius aulae ostenta fuit, sutrinae tabernae alumnus, corpore detorto, facetiis scurrilibus, primo in contumelias assumptus; dehinc optimi cuiusque criminatione eo usque valuit ut gratia, pecunia, vi nocendi etiam malos praemineret:

XXXV. eius munus frequentanti Neroni ne inter voluptates quidem a sceleribus cessabatur; isdem quippe illis diebus Torquatus Silanus mori adigitur, quia super Iuniae familiae claritudinem divum Augustum abavum ferebat. iussi accusatores obicere prodigum largitionibus, neque aliam spem quam in rebus novis esse, cui innoxiae viles; habere quos ab epistulis et libellis et rationibus appellet, nomina summae curae et meditamenta. tum intimus quisque libertorum vincti abreptique, et cum damnatio instaret, brachiorum venas Torquatus interscidit. secutaque Neronis oratio ex more, quamvis sontem et defensioni merito diffisum victurum tamen fuisse, si clementiam iudicis expectasset.

XXXVI. Nec multo post, omissa in praesens Achaia - causae in incerto fuere - urbem revisit, provincias Orientis, maxime Aegyptum, secretis imaginationibus agitans. dehinc edicto testificatus non longam sui absentiam et cuncta in re publica perinde immota ac prospera fore, super ea profectione adiit Capitolium; illic veneratus deos, cum Vestae quoque templum inisset, repente cunctos per artus tremens, seu numine exterrente, seu facinorum recordatione numquam timore vacuus, deseruit inceptum, cunctas sibi curas amore patriae leviores dictitans; vidisse maestos civium vultus, audire secretas querimonias, quod tantum *itineris* aditurus esset, cuius ne modicos quidem egressus tolerarent, sueti adversum fortuita aspectu principis refoveri; ergo ut in privatis necessitudinibus proxima pignora praevalerent, ita populum Romanum vim plurimam habere parendumque retinenti. haec atque talia plebi volentia fuere voluptatum cupidine et, quae praecipua cura est, rei frumentariae angustias, si abesset, metuenti. senatus et primores in incerto erant, procul an coram atrocior haberetur; dehinc, quae natura magnis timoribus, deterius credebant quod evenerat.

XXXVII. Ipse quo fidem acquireret nihil usquam perinde laetum sibi, publicis locis struere convivia totaque urbe quasi domo uti: et celeberrimae luxu famaque epulae fuere, quas a Tigellino paratas ut exemplum referam, ne saepius eadem prodigentia narranda sit. igitur in stagno Agrippae fabricatus est ratem, cui superpositum convivium navium aliarum tractu moveretur. naves auro et ebore distinctae remigesque exoleti per aetates et scientiam libidinum componebantur; volucres et feras diversis e terris et animalia maris Oceano abusque petiverat. crepidinibus stagni lupanaria astabant illustribus feminis completa, et contra scorta visebantur nudis corporibus. iam gestus motusque obsceni, et postquam tenebrae incedebant, quantum iuxta nemoris et circumiecta tecta consonare cantu et luminibus clarescere. ipse per licita atque inlicita foedatus nihil flagitii reliquerat quo corruptior ageret, nisi paucos post dies uni ex illo contaminatorum grege - nomen Pythagorae fuit - in modum sollemnium coniugiorum denupsisset: inditum imperatori flammeum, missi auspices; dos et genialis torus et faces nuptiales, cuncta denique spectata quae etiam in femina nox operit.

XXXVIII. Sequitur clades, forte an dolo principis incertum - nam utrumque auctores prodidere - sed omnibus quae huic urbi per violentiam ignium acciderunt gravior atque atrocior. initium in ea parte circi ortum quae Palatino Caelioque montibus contigua est, ubi per tabernas, quibus id mercimonium inerat quo flamma alitur, simul coeptus ignis et statim validus ac vento citus longitudinem circi corripuit; neque enim domus munimentis saeptae vel templa muris cincta aut quid aliud morae interiacebat. impetu pervagatum incendium plana primum, deinde in edita assurgens, et rursus inferiora populando, anteiit remedia velocitate mali et obnoxia urbe artis itineribus hucque et illuc flexis atque enormibus vicis, qualis vetus Roma fuit. ad hoc lamenta paventium [feminarum], fessa [aetate] aut rudis [pueritiae] aetas, quique sibi quique aliis consulebant, dum trahunt invalidos aut opperiuntur, pars mora, pars festinans, cuncta impediebant. et saepe, dum in tergum respectant, lateribus aut fronte circumveniebantur, vel si in proxima evaserant, illis quoque igni correptis, etiam quae longinqua crediderant in eodem casu reperiebant: postremo, quid vitarent, quid peterent ambigui complere vias, sterni per agros; quidam amissis omnibus fortunis, diurni quoque victus, alii caritate suorum, quos eripere nequiverant, quamvis patente effugio interiere. nec quisquam defendere audebat, crebris multorum minis restinguere prohibentium, et quia alii palam faces iaciebant atque esse sibi auctorem vociferabantur, sive ut raptus licentius exercerent, seu iussu.

XXXIX. Eo in tempore Nero Antii agens non ante in urbem regressus est quam domui eius, qua palatium et Maecenatis hortos continuaverat, ignis propinquaret; neque tamen sisti potuit, quin et palatium et domus et cuncta circum haurirentur. sed solatium populo exturbato ac profugo campum Martis ac monumenta Agrippae, hortos quin etiam suos patefecit et subitaria aedificia extruxit quae multitudinem inopem acciperent, subvectaque utensilia ab Ostia et propinquis municipiis, pretiumque frumenti minutum usque ad ternos nummos. quae, quamquam popularia, in irritum cadebant, quia pervaserat rumor ipso tempore flagrantis urbis inisse eum domesticam scenam et cecinisse Troianum excidium, praesentia mala vetustis cladibus adsimulantem.

XL. Sexto demum die apud imas Esquilias finis incendio factus, proruptis per inmensum aedificiis, ut continuae violentiae campus et velut vacuum caelum occurreret. necdum pos*itus* metus au*ctus* redibat: saev*us* rursum grassatus ignis patulis magis urbis locis, eoque strages hominum minor: delubra deum et porticus amoenitati dicatae latius procidere; plusque infamiae id incendium habuit, quia praediis Tigellini Aemilianis proruperat videbaturque Nero condendae urbis novae et cognomento suo appellandae gloriam quaerere. quippe in regiones quattuordecim Roma dividitur, quarum quattuor integrae manebant, tres solo tenus deiectae, septem reliquis pauca tectorum vestigia supererant, lacera et semusta.

XLI. Domuum et insularum et templorum, quae amissa sunt, numerum inire haud promptum fuerit; sed vetustissima religione, quod Servius Tullius Lunae, et magna ara fanumque quae praesenti Herculi Arcas Euander sacraverat, aedesque Statoris Iovis vota Romulo Numaeque regia et delubrum Vestae cum penatibus populi Romani exusta; iam opes tot victoriis quaesitae et Graecarum artium decora; exin monumenta ingeniorum antiqua et incorrupta, quamvis in tanta resurgentis urbis pulchritudine, multa seniores meminerint, quae reparari nequibant. fuere qui adnotarent quartum decimum kal. Sextiles principium incendii huius ortum, quo et Senones captam urbem inflammaverint. alii eo usque cura progressi sunt ut totidem annos mensesque et dies inter utraque incendia numerent.

XLII. Ceterum Nero usus est patriae ruinis extruxitque domum in qua haud proinde gemmae et aurum miraculo essent, solita pridem et luxu volgata, quam arva et stagna et in modum solitudinum hinc silvae, inde aperta spatia et prospectus, magistris et machinatoribus Severo et Celere, quibus ingenium et audacia erat etiam quae natura denegavisset per artem temptare et viribus principis illudere; namque ab lacu Averno navigabilem fossam usque ad ostia Tiberina depressuros promiserant, squalenti litore aut per montes adversos; neque enim aliud humidum gignendis aquis occurrit quam Pomptinae paludes: cetera abrupta aut arentia, ac si perrumpi possent, intolerandus labor nec satis causae. Nero tamen, ut erat incredibilium cupitor, effodere proxima Averno iuga connisus est manentque vestigia irritae spei.

XLIII. Ceterum urbis quae domui supererant, non, ut post Gallica incendia, nulla distinctione nec passim erecta, sed dimensis vicorum ordinibus et latis viarum spatiis, cohibitaque aedificiorum altitudine ac patefactis areis additisque porticibus quae frontem insularum protegerent. eas porticus Nero sua pecunia extructurum purgatasque areas dominis traditurum pollicitus est. addidit praemia pro cuiusque ordine et rei familiaris copiis, finivitque tempus intra quod effectis domibus aut insulis apiscerentur. ruderi accipiendo Ostienses paludes destinabat, utique naves, quae frumentum Tiberi subvectassent, onustae rudere decurrerent, aedificiaque ipsa certa sui parte sine trabibus saxo Gabino Albanove solidarentur, quod is lapis ignibus impervius est; iam aqua privatorum licentia intercepta quo largior et pluribus locis in publicum flueret, custodes; et subsidia reprimendis ignibus in propatulo quisque haberet, nec communione parietum sed propriis quaeque muris ambirentur: ea ex utilitate accepta decorem quoque novae urbi attulere; erant tamen qui crederent veterem illam formam salubritati magis conduxisse, quoniam angustiae itinerum et altitudo tectorum non perinde solis vapore perrumperentur: at nunc patulam latitudinem et nulla umbra defensam graviore aestu ardescere.

XLIV. Et haec quidem humanis consiliis providebantur: mox petita a dis piacula aditique Sibyllae libri, ex quibus supplicatum Volcano et Cereri Proserpinaeque, ac propitiata Iuno per matronas primum in Capitolio, deinde apud proximum mare, unde hausta aqua templum et simulacrum deae perspersum est; et sellisternia ac pervigilia celebravere feminae quibus mariti erant. sed non ope humana, non largitionibus principis aut deum placamentis decedebat infamia, quin iussum incendium crederetur; ergo abolendo rumori Nero subdidit reos et quaesitissimis poenis affecit quos per flagitia invisos vulgus Christianos appellabat. auctor nominis eius Christus Tiberio imperitante per procuratorem Pontium Pilatum supplicio affectus erat, repressaque in praesens exitiabilis superstitio rursum erumpebat non modo per Iudaeam, originem eius mali, sed per urbem etiam, quo cuncta undique atrocia aut pudenda confluunt celebranturque. igitur primum correpti qui fatebantur, deinde indicio eorum multitudo ingens haud proinde in crimine incendii quam odio humani generis convicti sunt; et pereuntibus addita ludibria, ut ferarum tergis contecti laniatu canum interirent, aut crucibus affixi, aut flammandi, atque ubi defecisset dies, in usum nocturni luminis urerentur. hortos suos ei spectaculo Nero obtulerat et circense ludicrum edebat, habitu aurigae permixtus plebi vel curriculo insistens. unde, quamquam adversus sontes et novissima exempla meritos, miseratio oriebatur, tamquam non utilitate publica sed in saevitiam unius absumerentur.

XLV. Interea conferendis pecuniis pervastata Italia, provinciae eversae sociique populi et quae civitatium liberae vocantur, inque eam praedam etiam dii cessere spoliatis in urbe templis egestoque auro, quod triumphis, quod votis omnis populi Romani aetas prospere aut in metu sacraverat. enimvero per Asiam atque Achaiam non dona tantum sed simulacra numinum abripiebantur, missis in eas provincias Acrato ac Secundo Carrinate; ille libertus cuicumque flagitio promptus; hic Graeca doctrina ore tenus exercitus animum bonis artibus non induerat. ferebatur Seneca, quo invidiam sacrilegii a semet averteret, longinqui ruris secessum oravisse, et postquam non concedebatur, ficta valetudine, quasi aeger nervis, cubiculum non egressus. tradidere quidam venenum ei per libertum ipsius, cui nomen Cleonicus, paratum iussu Neronis vitatumque a Seneca proditione liberti seu propria formidine, dum persimplici victu et agrestibus pomis, ac si sitis admoneret, profluente aqua vitam tolerat.

XLVI. Per idem tempus gladiatores apud oppidum Praeneste temptata eruptione praesidio militis, qui custos adesset, coerciti sunt, iam Spartacum et vetera mala rumoribus ferente populo, ut est novarum rerum cupiens pavidusque. nec multo post clades rei navalis accipitur, non bello - quippe haud alias tam immota pax - sed certum ad diem in Campaniam redire classem Nero iusserat, non exceptis maris casibus; ergo gubernatores, quamvis saeviente pelago, a Formiis movere; et gravi Africo, dum promontorium Miseni superare contendunt, Cumanis litoribus inpacti triremium plerasque et minora navigia passim amiserunt.

XLVII. Fine anni volgantur prodigia, imminentium malorum nuntia. vis fulgurum non alias crebrior, et sidus cometes, sanguine illustri semper Neroni expiatum; bicipites hominum aliorumve animalium partus abiecti in publicum aut in sacrificiis, quibus gravidas hostias inmolare mos est, reperti; et in agro Placentino viam propter natus vitulus cui caput in crure esset, secutaque haruspicum interpretatio, parari rerum humanarum aliud caput, sed non fore validum neque occultum, quia in utero repressum *e*t iter iuxta editum sit.

XLVIII. Ineunt deinde consulatum Silius Nerva et Atticus Vestinus coepta simul et aucta coniuratione, in quam certatim nomina dederant senatores, eques, miles, feminae etiam, cum odio Neronis, tum favore in C. Pisonem: is Calpurnio genere ortus ac multas insignesque familias paterna nobilitate complexus, claro apud volgum rumore erat per virtutem aut species virtutibus similes; namque facundiam tuendis civibus exercebat, largitionem adversum amicos et ignotis quoque, comi sermone et congressu; aderant etiam fortuita, corpus procerum, decora facies; sed procul gravitas morum aut voluptatum parsimonia; lenitati ac magnificentiae et aliquando luxu indulgebat, idque pluribus probabatur, qui in tanta vitiorum dulcedine summum imperium non restrictum nec perseverum volunt.

XLIX. Initium coniurationi non a cupidine ipsius fuit, nec tamen facile memoraverim quis primus auctor, cuius instinctu concitum sit quod tam multi sumpserunt: promptissimos Subrium Flavum, tribunum praetoriae cohortis, et Sulpicium Asprum centurionem extitisse constantia exitus docuit; et Lucanus Annaeus Plautiusque Lateranus [consul designatus] vivida odia intulere: Lucanum propriae causae accendebant, quod famam carminum eius premebat Nero prohibueratque ostentare, vanus aemulatione; Lateranum, consulem designatum, nulla iniuria sed amor rei publicae sociavit. at Flavius Scaevinus et Afranius Quintianus, uterque senatorii ordinis, contra famam sui principium tanti facinoris capessivere; nam Scaevino dissoluta luxu mens et proinde vita somno languida: Quintianus mollitia corporis infamis et a Nerone probroso carmine diffamatus contumelias ultum ibat.

L. ergo dum scelera principis, et finem adesse imperio, deligendumque qui fessis rebus succurreret, inter se aut inter amicos iaciunt, adgregavere *Claudi*um Senecionem, Cervarium Proculum, Vulcatium Araricum, Iulium Augurinum, Munatium Gratum, Antonium Natalem, Marcium Festum, equites Romanos; ex quibus Senecio, e praecipua familiaritate Neronis, speciem amicitiae etiam tum retinens eo pluribus periculis conflictabatur; Natalis particeps ad omne secretum Pisoni erat; ceteris spes ex novis rebus petebatur. adscitae sunt super Subrium et Sulpicium, de quibus rettuli, militares manus Gavius Silvanus et Statius Proximus, tribuni cohortium praetoriarum, Maximus Scaurus et Venetus Paulus centuriones; sed summum robur in Faenio Rufo praefecto videbatur, quem vita famaque laudatum per saevitiam inpudicitiamque Tigellinus in animo principis anteibat fatigabatque criminationibus ac saepe in metum adduxerat quasi adulterum Agrippinae et desiderio eius ultioni intentum. igitur ubi coniuratis praefectum quoque praetorii in partes descendisse crebro ipsius sermone facta fides, promptius iam de tempore ac loco caedis agitabant; et cepisse impetum Subrius Flavus ferebatur in scena canentem Neronem adgrediendi, aut cum *absce*dens domo per noctem huc illuc cursaret incustoditus: hic occasio solitudinis, ibi ipsa frequentia, tanti decoris testis pulcherrim*a*, animum extimulaverant, nisi impunitatis cupido retinuisset, magnis semper conatibus adversa.

LI. Interim cunctantibus prolatantibusque spem ac metum Epicharis quaedam, incertum quonam modo sciscitata - neque illi ante ulla rerum honestarum cura fuerat - accendere et arguere coniuratos, ac postremum lentitudinis eorum pertaesa et in Campania agens primores classiariorum Misenensium labefacere et conscientia illigare connisa est tali initio: erat nauarchus in ea classe Volusius Proculus, occidendae matris Neronis inter ministros, non ex magnitudine sceleris provectus, ut rebatur; is mulieri olim cognitus, seu recens orta amicitia, dum merita erga Neronem sua et quam in irritum cecidissent aperit adicitque questus et destinationem vindictae, si facultas oreretur, spem dedit posse inpelli et plures conciliare: nec leve auxilium in classe, crebras occasiones, quia Nero multo apud Puteolos et Misenum maris usu laetabatur. ergo Epicharis plura: et omnia scelera principis orditur; neque s*erum* a*l*iquid manere, sed provisum, quonam modo poenas eversae rei publicae daret: accingeretur modo navare operam et militum acerrimos ducere in partes, ac digna pretia expectaret. nomina tamen coniuratorum reticuit; unde Proculi indicium inritum fuit, quamvis ea quae audierat ad Neronem detulisset. accita quippe Epicharis et cum indice composita nullis testibus innisum facile confutavit. sed ipsa in custodia retenta est, suspectante Nerone haud falsa esse etiam quae vera non probabantur.

LII. Coniuratis tamen metu proditionis permotis placitum maturare caedem apud Baias in villa Pisonis, cuius amoenitate captus Caesar crebro ventitabat balneasque et epulas inibat omissis excubiis et fortunae suae mole. sed abnuit Piso, invidiam praetendens, si sacra mensae diique hospitales caede qualiscumque principis cruentarentur: melius apud urbem in illa invisa et spoliis civium extructa domo vel in publico patraturos quod pro re publica suscepissent. haec in commune, ceterum timore occulto ne L. Silanus eximia nobilitate disciplinaque C. Cassii, apud quem educatus erat, ad omnem claritudinem sublatus imperium invaderet, prompte daturis qui a coniuratione integri essent quique miserarentur Neronem tamquam per scelus interfectum. plerique Vestini quoque consulis acre ingenium vitavisse Pisonem crediderunt, ne ad libertatem oreretur vel delecto imperatore alio sui muneris rem publicam faceret; etenim expers coniurationis erat, quamvis super eo crimine Nero vetus adversum insontem odium expleverit.

LIII. Tandem statuere circensium ludorum die, qui Cereri celebratur, exequi destinata, quia Caesar rarus egressu domoque aut hortis clausus ad ludicra circi ventitabat promptioresque aditus erant laetitia spectaculi. ordinem insidiis composuerant, ut Lateranus, quasi subsidium rei familiari oraret, deprecabundus et genibus principis accidens prosterneret incautum premeretque, animi validus et corpore ingens; tum iacentem et impeditum tribuni et centuriones et ceterorum ut quisque audentiae habuisset, adcurrerent trucidarentque, primas sibi partes expostulante

Scaevino, qui pugionem templo Salutis [in Etruria] sive, ut alii tradidere, Fortunae Ferentino in oppido detraxerat gestabatque velut magno operi sacrum; interim Piso apud aedem Cereris opperiretur, unde eum praefectus Faenius et ceteri accitum ferrent in castra, comitante Antonia, Claudii Caesaris filia, ad eliciendum volgi favorem, quod C. Plinius memorat: nobis quoquo modo traditum non occultare in animo fuit, quamvis absurdum videretur aut inanem ad spem Antoniam nomen et periculum commodavisse, aut Pisonem notum amore uxoris alii matrimonio se obstrinxisse, nisi si cupido dominandi cunctis affectibus flagrantior est.

LIV. Sed mirum quam inter diversi generis, ordinis, aetatis, sexus, dites, pauperes taciturnitate omnia cohibita sint, donec proditio coepit e domo Scaevini; qui pridie insidiarum multo sermone cum Antonio Natale, dein regressus domum testamentum obsignavit, promptum vagina pugionem, de quo supra rettuli, vetustate obtusum increpans asperari saxo et in mucronem ardescere iussit eamque curam liberto Milicho mandavit; simul affluentius solito convivium initum, servorum carissimi libertate et alii pecunia donati; atque ipse maestus et magnae cogitationis manifestus erat, quamvis laetitiam vagis sermonibus simularet; postremo volneribus ligamenta, quibusque sistitur sanguis, petebat, quae eundem Milichum monet, sive gnarum coniurationis et illuc usque fidum, seu nescium et tunc primum arreptis suspicionibus, ut plerique tradidere de consequentibus: nam cum secum servilis animus praemia perfidiae reputavit, simulque inmensa pecunia et potentia obversabantur, cessit fas et salus patroni et acceptae libertatis memoria; etenim uxoris quoque consilium adsumpserat, muliebre ac deterius: quippe ultro metum intentabat, multosque astitisse libertos ac servos, qui eadem viderint; nihil profuturum unius silentium; at praemia penes unum fore, qui indicio praevenisset.

LV. Igitur coepta luce Milichus in hortos Servilianos pergit et cum foribus arceretur, magna et atrocia adferre dictitans deductusque ab ianitoribus ad libertum Neronis Epaphroditum, mox ab eo ad Neronem, urgens periculum, graves coniuratos et cetera quae audierat, coniectaverat, docet; telum quoque in necem eius paratum ostendit accirique reum iussit. is raptus per milites et defensionem orsus, ferrum, cuius argueretur, olim religione patria cultum et in cubiculo habitum ac fraude liberti subreptum respondit; tabulas testamenti saepius a se et incustodita dierum observatione signatas; pecunias et libertates servis et ante dono datas, sed ideo tunc largius, quia tenui iam re familiari et instantibus creditoribus testamento diffideret; enimvero liberales semper epulas struxisse; vitam amoenam et duris iudicibus parum probatam; fomenta volneribus nulla iussu suo, sed quia cetera palam vana obiecisset, adiungere crimen, *cui*us *se*se pariter indicem et testem faceret. adicit dictis constantiam, incusat ultro intestabilem et consceleratum, tanta vocis ac vultus securitate ut labaret indicium, nisi Milichum uxor admonuisset Antonium Natalem multa cum Scaevino ac secreta collocutum, et esse utrosque C. Pisonis intimos.

LVI. Ergo accitur Natalis, et diversi interrogantur quisnam is sermo, qua de re fuisset. tum exorta suspicio, quia non congruentia responderant; inditaque vincula; et tormentorum aspectum ac minas non tulere: prior tamen Natalis, totius conspirationis magis gnarus, simul arguendi peritior, de Pisone primum fatetur, deinde adicit Annaeum Senecam, sive internuntius inter eum Pisonemque fuit, sive ut Neronis gratiam pararet, qui infensus Senecae omnes ad eum opprimendum artes conquirebat. tum cognito Natalis indicio Scaevinus quoque, pari inbecillitate an cuncta iam patefacta credens nec ullum silentii emolumentum, edidit ceteros. ex quibus Lucanus Quintianusque et Senecio diu abnuere: post promissa inpunitate corrupti, quo tarditatem excusarent, Lucanus Aciliam, matrem suam, Quintianus Glitium Gallum, Senecio Annium Pollionem, amicorum praecipuos, nominavere.

LVII. Atque interim Nero recordatus Volusii Proculi indicio Epicharin attineri ratusque muliebre corpus impar dolori tormentis dilacerari iubet. at illam non verbera, non ignes, non ira eo acrius torquentium ne a femina spernerentur, pervicere, quin obiecta denegaret. sic primus quaestionis dies contemptus: postero cum ad eosdem cruciatus retraheretur gestamine sellae - nam dissolutis membris insistere nequibat - vinculo fasciae, quam pectori detraxerat, in modum laquei ad arcum sellae restricto indidit cervicem et corporis pondere connisa tenuem iam spiritum expressit, clariore exemplo libertina mulier in tanta necessitate alienos ac prope ignotos protegendo, cum ingenui et viri et equites Romani senatoresque intacti tormentis carissima suorum quisque pignorum proderent. non enim omittebant Lucanus quoque et Senecio et Quintianus passim conscios edere, magis magisque pavido Nerone, quamquam multiplicatis excubiis semet sepsisset.

LVIII. quin et urbem per manipulos occupatis moenibus, insesso etiam mari et amne, velut in custodiam dedit volitabantque per fora, per domos, rura quoque et proxima municipiorum pedites equitesque, permixti Germanis, quibus fidebat princeps quasi externis. continua hinc et vincta agmina trahi ac foribus hortorum adiacere, atque ubi dicendam ad causam introissent, *non celatus* tantum erga coniuratos sed fortuitus sermo et subiti occursus, si convivium, si spectaculum simul inissent, pro crimine accipi, cum super Neronis ac Tigellini saevas percontationes Faenius quoque Rufus violenter urgueret, nondum ab indicibus nominatus, sed quo fidem inscitiae pararet, atrox adversus socios; idem Subrio Flavo assistenti adnuentique, an inter ipsam cognitionem destringeret gladium caedemque patraret, renuit infregitque impetum iam manum ad capulum referentis.

LIX. Fuere qui prodita coniuratione, dum auditur Milichus, dum dubitat Scaevinus, hortarentur Pisonem pergere in castra aut rostra escendere studiaque militum et populi temptare: si conatibus eius conscii aggregarentur, secuturos etiam integros, magnamque motae rei famam, quae plurimum in novis consiliis valeret; nihil adversum haec Neroni provisum; etiam fortes viros subitis terreri, nedum ille scenicus, Tigellino scilicet cum paelicibus suis comitante, arma contra cieret; multa experiendo confieri, quae segnibus ardua videantur; frustra silentium et fidem in tot consciorum animis et corporibus sperare; cruciatui aut praemio cuncta pervia esse; venturos qui ipsum quoque vincirent, postremo indigna nece afficerent: quanto laudabilius periturum, dum amplectitur rem publicam, dum auxilia libertati invocat! miles potius deesset et plebes desereret, dum ipse maioribus, dum posteris, si vita praeriperetur, mortem adprobaret. immotus his et paululum in publico versatus, post domi secretus, animum adversum suprema firmabat, donec manus militum adveniret, quos Nero tirones aut stipendiis recentes delegerat; nam vetus miles timebatur tamquam favore inbutus. obiit abruptis brachiorum venis. testamentum foedis adversus Neronem adulationibus amori uxoris dedit, quam degenerem et sola corporis forma commendatam amici matrimonio abstulerat; nomen mulieris Atria Galla, priori marito Domitius Silus: hic patientia, illa inpudicitia Pisonis infamiam propagavere.

LX. Proximam necem Plautii Laterani, consulis designati, Nero adiungit, adeo propere ut non complecti liberos, non illud breve mortis arbitrium permitteret. raptus in locum servilibus poenis sepositum manu Statii tribuni trucidatur, plenus constantis silentii nec tribuno obiciens eandem conscientiam.

Sequitur caedes Annaei Senecae, laetissima principi, non quia coniurationis manifestum compererat, sed ut ferro grassaretur, quando venenum non processerat; solus quippe Natalis et hactenus prompsit, missum se ad aegrotum Senecam, uti viseret conquerereturque cur Pisonem aditu arceret: melius fore, si amicitiam familiari congressu exercuissent; et respondisse Senecam sermones mutuos et crebra colloquia neutri conducere; ceterum salutem suam incolumitate Pisonis inniti. haec ferre Gavius Silvanus, tribunus praetoriae cohortis, et an dicta Natalis suaque responsa nosceret percontari Senecam iubetur. is, forte an prudens, ad eum diem ex Campania remeaverat quartumque apud lapidem suburbano rure substiterat; illo propinqua vespera tribunus venit et villam globis militum sepsit, tum ipsi cum Pompeia Paulina uxore et amicis duobus epulanti mandata imperatoris edidit.

LXI. Seneca missum ad se Natalem conquestumque nomine Pisonis quod a visendo eo prohiberetur, seque rationem valitudinis et amorem quietis excusavisse respondit; cur salutem privati hominis incolumitati suae anteferret, causam non habuisse, nec sibi promptum in adulationes ingenium, idque nulli magis gnarum quam Neroni, qui saepius libertatem Senecae quam servitium expertus esset. ubi haec a tribuno relata sunt Poppaea et Tigellino coram, quod erat saevienti principi intimum consiliorum, interrogat an Seneca voluntariam mortem pararet. tum tribunus nulla pavoris signa, nihil triste in verbis eius aut vultu deprensum confirmavit. ergo regredi et indicere mortem iubetur. tradit Fabius Rusticus non eo quo venerat itinere reditum, sed flexisse ad Faenium praefectum, et expositis Caesaris iussis an obtemperaret interrogavisse, monitumque ab eo ut exequeretur, fatali omnium ignavia; nam et Silvanus inter coniuratos erat augebatque scelera in quorum ultionem consenserat; voci tamen et aspectui pepercit intromisitque ad Senecam unum ex centurionibus, qui necessitatem ultimam denuntiaret.

LXII. Ille interritus poscit testamenti tabulas; ac denegante centurione conversus ad amicos, quando meritis eorum referre gratiam prohiberetur, quod unum iam et tamen pulcherrimum habeat, imaginem vitae suae relinquere testatur, cuius si memores essent, bonarum artium famam, *tum* constantis amicitiae laturos. simul lacrimas eorum modo sermone, modo intentior in modum coercentis, ad firmitudinem revocat, rogitans ubi praecepta sapientiae, ubi tot per annos meditata ratio adversum imminentia? cui enim ignaram fuisse saevitiam Neronis? neque aliud superesse *post* matrem fratremque interfectos quam ut educatoris praeceptorisque necem adiceret.

LXIII. Ubi haec atque talia velut in commune disseruit, complectitur uxorem, et paululum adversus praesentem fortun*a*m mollitus rogat oratque temperare dolori *neve* aeternum susciperet, sed in contemplatione vitae per virtutem actae desiderium mariti solatiis honestis toleraret. illa contra sibi quoque destinatam mortem adseverat manumque percussoris exposcit. tum Seneca gloriae eius non adversus, simul amore, ne sibi unice dilectam ad iniurias relinqueret, "vitae", inquit, "delenimenta monstraveram tibi, tu mortis decus mavis: non invidebo exemplo; sit huius tam fortis exitus constantia penes utrosque par, claritudinis plus in tuo fine." post quae eodem ictu brachia ferro exsolvunt. Seneca, quoniam senile corpus et parco victu tenuatum lenta effugia sanguini praebebat, crurum quoque et poplitum venas abrumpit, saevisque cruciatibus defessus, ne dolore suo animum uxoris infringeret atque ipse visendo eius tormenta ad inpatientiam delaberetur, suadet in aliud cubiculum abscedere. et novissimo quoque momento suppeditante eloquentia advocatis scriptoribus pleraque tradidit, quae in vulgus edita eius verbis invertere supersedeo.

LXIV. At Nero nullo in Paulinam proprio odio, ac ne glisceret invidia crudelitatis, *iubet* inhiberi mortem. hortantibus militibus servi libertique obligant brachia, premunt sanguinem, incertum an ignarae; nam, ut est vulgus ad deteriora promptum, non defuere qui crederent, donec inplacabilem Neronem timuerit, famam sociatae cum marito mortis petivisse, deinde oblata mitiore spe blandimentis vitae evictam; cui addidit paucos postea annos, laudabili in maritum memoria et ore ac membris in eum pallorem albentibus, ut ostentui esset multum vitalis spiritus egestum. Seneca interim, durante tractu et lentitudine mortis, Statium Annaeum, diu sibi amicitiae fide et arte medicinae probatum, orat, provisum pridem venenum, quo damnati publico Atheniensium iudicio extinguerentur, promeret, adlatumque hausit frustra, frigidus iam artus et cluso corpore adversum vim veneni. postremo stagnum calidae aquae introiit, respergens proximos servorum addita voce, libare se liquorem illum Iovi liberatori. exim balneo inlatus et vapore eius exanimatus, sine ullo funeris sollemni crematur: ita codicillis praescripserat, cum etiam tum praedives et praepotens supremis suis consuleret.

LXV. Fama fuit Subrium Flavum cum centurionibus occulto consilio neque tamen ignorante Seneca destinavisse, ut post occisum opera Pisonis Neronem Piso quoque interficeretur traydereturque imperium Senecae, quasi insontibus claritudine virtutum ad summum fastigium delecto; quin et verba Flavi vulgabantur, non referre dedecoris, si citharoedus demoveretur et tragoedus succederet, quia ut Nero cithara, ita Piso tragico ornatu canebat.

LXVI. Ceterum militaris quoque conspiratio non ultra fefellit, accensis [quoque] indicibus ad prodendum Faenium Rufum, quem eundem conscium et inquisitorem non tolerabant. ergo instanti minitantique renidens Scaevinus neminem ait plura scire quam ipsum, hortaturque ultro, redderet tam bono principi vicem. non vox adversum ea Faenio, non silentium, sed verba sua praepediens et pavoris manifestus; ceterisque ac maxime Cervario Proculo, equite Romano, ad convincendum eum connisis, iussu imperatoris a Cassio milite, qui ob insigne corporis robur adstabat, corripitur vinciturque.

LXVII. Mox eorundem indicio Subrius Flavus tribunus pervertitur, primo dissimilitudinem morum ad defensionem trahens, neque se armatum cum inermibus et effeminatis tantum facinus consociaturum; dein, postquam urgebatur, confessionis gloriam amplexus, interrogatusque a Nerone quibus causis ad oblivionem sacramenti processisset, "oderam te", inquit; "nec quisquam tibi fidelior militum fuit, dum amari meruisti: odisse coepi, postquam parricida matris et uxoris, auriga et histrio et incendiarius extitisti." ipsa rettuli verba, quia non, ut Senecae, volgata erant, nec minus nosci decebat militaris viri sensus incomptos et validos. nihil in illa coniuratione gravius auribus Neronis accidisse constitit, qui ut faciendis sceleribus promptus, ita audiendi quae faceret insolens erat. poena Flavi Veianio Nigro tribuno mandatur; is proximo in agro scrobem effodi iussit, quam vis*am* Flavus ut humilem et angustam increpans, circumstantibus militibus "ne hoc quidem" inquit "ex disciplina." admonitusque fortiter protendere cervicem: "utinam" ait "tu tam fortiter ferias!" et ille multum tremens cum vix duobus ictibus caput amputavisset, saevitiam apud Neronem iactavit, sesquiplaga interfectum a se dicendo.

LXVIII. Proximum constantiae exemplum Sulpicius Asper centurio praebuit, percontanti Neroni cur in caedem suam conspiravisset, breviter respondens non aliter tot flagitiis eius subveniri potuisse. tum iussam poenam subiit. nec ceteri centuriones in perpetiendis suppliciis degeneravere: at non Faenio Rufo par animus, sed lamentationes suas etiam in testamentum contulit.

Opperiebatur Nero ut Vestinus quoque consul in crimen traheretur, violentum et infensum ratus: sed ex coniuratis consilia cum Vestino non miscuerant quidam vetustis in eum simultatibus, plures, quia praecipitem et insociabilem credebant. ceterum Neroni odium adversus Vestinum ex intima sodalitate coeperat, dum hic ignaviam principis penitus cognitam despicit, ille ferociam amici metuit, saepe asperis facetiis inlusus, quae ubi multum ex vero traxere, acrem sui memoriam relinquunt. accesserat repens causa, quod Vestinus Statiliam Messalinam matrimonio sibi iunxerat, haud nescius inter adulteros eius et Caesarem esse.

LXIX. igitur non crimine, non accusatore existente, quia speciem iudicis induere non poterat, ad vim dominationis conversus Gerellanum tribunum cum cohorte militum inmittit iubetque praevenire conatus consulis, occupare velut arcem eius, opprimere delectam iuventutem, quia Vestinus imminentes foro aedes decoraque servitia et pari aetate habebat. cuncta eo die munia consulis impleverat conviviumque celebr*ab*at, nihil metuens an dissimulando metu, cum ingressi milites vocari eum a tribuno dixere. ille nihil demoratus exsurgit et omnia simul properantur: clauditur cubiculo, praesto est medicus, abscinduntur venae, vigens adhuc balneo infertur, calida aqua mersatur, nulla edita voce qua semet miseraretur. circumdati interim custodia qui simul discubuerant nec nisi provecta nocte omissi sunt, postquam pavorem eorum, ex mensa exitium opperientium, et imaginatus et inridens Nero satis supplicii luisse ait pro epulis consularibus.

LXX. Exim Annaei Lucani caedem imperat. is profluente sanguine ubi frigescere pedes manusque et paulatim ab extremis cedere spiritum fervido adhuc et compote mentis pectore intellegit, recordatus carmen a se compositum, quo volneratum militem per eiusmodi mortis imaginem obisse tradiderat, versus ipsos rettulit, eaque illi suprema vox fuit. Senecio posthac et Quintianus et Scaevinus non ex priore vitae mollitia, mox reliqui coniuratorum periere, nullo facto dictove memorando.

LXXI. Sed compleri interim urbs funeribus, Capitolium victimis; alius filio, fratre alius aut propinquo aut amico interfectis, agere grates deis, ornare lauru domum, genua ipsius advolvi et dextram osculis fatigare. atque ille gaudium id credens Antonii Natalis et Cervarii Proculi festinata indicia inpunitate remuneratur; Milichus praemiis ditatus conservatoris sibi nomen, Graeco eius rei vocabulo, adsumpsit; e tribunis Gavius Silvanus, quamvis absolutus, sua manu cecidit, Statius Proxumus veniam, quam ab imperatore acceperat, vanitate exitus corrupit. exuti dehinc tribunatu ** Pompeius, Cornelius Martialis, Flavius Nepos, Statius Domitius, quasi principem non quidem odissent, sed tamen existimarentur; Novio Prisco per amicitiam Senecae, et Glitio Gallo atque Annio Pollioni infamatis magis quam convictis data exilia; Priscum Artoria Flaccilla coniu**n**x comitata est, Gallum Egnatia Maximilla, magnis primum et integris opibus, post ademptis; quae utraque gloriam eius auxere. pellitur et Rufius Crispinus, occasione coniurationis, sed Neroni invisus quod Poppaeam quondam matrimonio tenuerat. Verginium *Flavum et Musonium* Rufum claritudo nominis expulit: nam Verginius studia iuvenum eloquentia, Musonius praeceptis sapientiae fovebat. Cluvidieno Quieto, Iulio Agrippae, Blitio Catulino, Petronio Prisco, Iulio Altino, velut in agmen et numerum, Aegaei maris insulae permittuntur. at Caedicia, uxor Scaevini, et Caesonius Maximus Italia prohibentur, reos fuisse se tantum poena experti. Acilia, mater Annaei Lucani, sine absolutione, sine supplicio dissimulata.

LXXII. Quibus perpetratis Nero et contione militum habita bina nummum milia viritim manipularibus divisit addiditque sine pretio frumentum, quo ante ex modo annonae utebantur. tum, quasi gesta bello expositurus, vocat senatum et triumphale decus Petronio Turpiliano consulari, Cocceio Nervae, praetori designato, Tigellino, praefecto praetorii, tribuit, Tigellinum et Nervam ita extollens, ut super triumphales in foro imagines apud palatium quoque effigies eorum sisteret. consularia insignia Nymphidio *** [de quo] quia nunc primum oblatus est, pauca repetam: nam et ipse pars Romanarum cladium erit. igitur matre libertina ortus, quae corpus decorum inter servos libertosque principum vulgaverat, ex C. Caesare se genitum ferebat, quoniam forte quadam habitu procerus et torvo vultu erat, sive C. Caesar, scortorum quoque cupiens, etiam matri eius illusit.

LXXIII. Sed Nero vocato senatu oratione inter patres habita edictum apud populum et collata in libros indicia confessionesque damnatorum adiunxit; etenim crebro vulgi rumore lacerabatur, tamquam viros ** et insontes ob invidiam aut metum extinxisset. ceterum coeptam adultamque et revictam coniurationem neque tunc dubitavere quibus verum noscendi cura erat, et fatentur qui post interitum Neronis in urbem regressi sunt. at in senatu cunctis, ut cuique plurimum maeroris, in adulationem demissis, Iunium Gallionem, Senecae fratris morte pavidum et pro sua incolumitate supplicem, increpuit Salienus Clemens, hostem et parricidam vocans, donec consensu patrum deterritus est, ne publicis malis abuti ad occasionem privati odii videretur, neu composita aut oblitterata mansuetudine principis novam ad saevitiam retraheret.

LXXIV. tum [decreta] dona et grates deis decernuntur propriusque honos Soli, cui est vetus aedes apud circum, in quo facinus parabatur, qui occulta coniurationis numine retexisset; utque circensium Cerialium ludicrum pluribus equorum cursibus celebraretur mensisque Aprilis Neronis cognomentum acciperet, templum Saluti extrueretur eo loci, ex quo Scaevinus ferrum prompserat; ipse eum pugionem apud Capitolium sacravit inscripsitque Iovi vindici, in praesens haud animadversum; post arma Iulii Vindicis ad auspicium et praesagium futurae ultionis trahebatur. reperio in commentariis senatus Cerialem Anicium, consulem designatum, pro sententia dixisse ut templum divo Neroni quam maturrime publica pecunia poneretur, quod quidem ille decernebat tamquam mortale fastigium egresso et venerationem hominum merito: [*Nero prohibuit, ne*] quorundam dolus ad omina sui exitus verteretur. nam deum honor principi non ante habetur quam agere inter homines desierit.

Publius (Gaius) Cornelius Tacitus was born in 56 A.D, either in Gallia cisalpina or in Gallia Narbonensis. His Annals deal with the period from the death of Augustus in A.D. 14 to the end of Nero's reign in A.D. 68. The Annals originally comprised at least 16 books, but some of them are lost. Tacitus grew up in a comfortable environment, and he studied rhetorics in Rome. Due to his excellent education, he started a career as a lawyer. He married the daughter of Agricola, a consul, which paved the way for his political career. Subsequently he became quaestor and praetor. Then he even became responsible for the Sibylline books within a college of priests. Finally he returned to Rome and became a consul in the reign of emperor Nerva. His literary works show his great talent and education in prose writing. He died in ca. A.D. 120.

C. M. Herzog, geboren in St. Pölten, Austria; Studium begonnen Spanisch, abgeschlossen Englisch, Französisch an der Universität Wien; Italienisch, Neugriechisch; Studien der Antike: Latein, Altgriechisch; Studien der chinesischen Sprache und Kultur; Arabisch, Hebräisch; ehemals Autor für das Wiener Journal (06/1993-06/94); Beiträge für die Literaturzeitschrift etcetera 67/2017, "Nezha und das tosende Meer", etcetera 71/2018, "Meine arabische Quelle aus dem Qur'an"; etcetera 72/2018, "Der Götterschmied" (Lyrik). Ab urbe condita (Autor: Titus Livius, Latein, Ed. C. M. Herzog), Libri XXXIX-XLI, XLII-XLV, XLVI-CXL; Herodoti Historiae (Autor: Herodotus Halicarnasseus, Altgriechisch, Ed. C. M. Herzog); Cornelii Taciti Annalium libri I-VI (Autor: Cornelius Tacitus, Latein, Ed. C. M. Herzog); Vetus Testamentum Graece, Libri Salomonis: pars I (Autor: LXX interpretes, Altgriechisch, Ed. C. M. Herzog); Biblia sacra vulgatae editionis, Salomonis libri duo: liber sapientiae. Ecclesiasticus (Valentinus Loch, Latein, Ed. C. M. Herzog).

C. M. Herzog (German literature):

1. Ariadne & Theseus, Gedichte

C. M. Herzog, Verlag Die blaue Eule, Bd. 57

2. Die verwandelte Welt, Lyrik in Hexametern

C. M. Herzog, Verlag Die Blaue Eule, Bd. 58

3. Hartmann der Mönch, Ballade

C. M. Herzog, Verlag Die Blaue Eule, Bd. 71

4. Weisheit unter der Sonne, Drama in fünf Akten

C. M. Herzog, Verlag Die Blaue Eule

5. Der Zauber der Antike, Gedichte

C. M. Herzog, Verlag BoD

ISBN: 9 7837 32 286256

6. Der Prachtfink, satirische Gedichte

C. M. Herzog, Verlag BoD

ISBN: 9 7837 39 237350

7. Der Steineiche goldene Zweige

C. M. Herzog, Verlag BoD

ISBN: 9 7837 44 801263 (Paperback)
ISBN: 9 7837 44 817516 (Hardcover)

8. Meister der steinernen Leuen

C. M. Herzog, Verlag BoD

ISBN: 9 7837 46 098142 (Paperback)
ISBN: 9 7837 46 074016 (Hardcover)

9. APHRODITE LIEBT URANOS

C. M. HERZOG, VERLAG BOD

ISBN: 9 783750 427891 (Paperback)

10. ONCE THERE WAS EDEN (English sonnets)

C. M. HERZOG, VERLAG BOD

ISBN: 9 783752 673173 (Paperback)

C. M. Herzog (philosophy in German):
11. DAS FEUER DER WEISEN

Philosophische Weltbetrachtung aus dem Reichtum der Antike

C. M. HERZOG, H. C. AURELIUS

VERLAG DIE BLAUE EULE, BD. 61

12. DER TEMPEL DER SEELENRUHE

Weisheiten der Antike aus Ost und West

C. M. HERZOG, AL-MALIK SALOMON

VERLAG DIE BLAUE EULE, BD. 63

Titus Livius (Ab urbe condita):

13. AB URBE CONDITA

Lib. XLVI-CXL epitomae et fragmenta

ED. C. M. HERZOG, VERLAG BOD

ISBN: 9 783748 142065 (Paperback)

14. AB URBE CONDITA

Libri XXXIX-XLI

ED. C. M. HERZOG, VERLAG BOD

ISBN: 9 783749 430338 (Paperback)

15. AB URBE CONDITA

Libri XLII-XLV

ED. C. M. HERZOG, VERLAG BOD

ISBN: 9 783749 448852 (Paperback)

Cornelius Tacitus (Opera):

16. CORNELII TACITI ANNALIUM

Libri I-VI

ED. C. M. HERZOG, VERLAG BOD

ISBN: 9 783752 899139 (Paperback)

17. CORNELII TACITI ANNALIUM

Liber XV

ED. C. M. HERZOG, VERLAG BOD

ISBN: 9 783 753 425 238 (fasciculus)

Herodotus Halicarnasseus (Historiae):

18. HERODOTI HISTORIAE

Liber I

ED. C. M. HERZOG, VERLAG BOD

ISBN: 9 783746 074290 (Paperback)

Vetus Testamentum Graece:

19. LIBRI SALOMONIS: PARS I

Proverbia, Ecclesiastes, Canticum canticorum

ED. C. M. HERZOG, VERLAG BOD

ISBN: 9 783752 625097 (Paperback)

Biblia sacra vulgatae editionis:

20. SALOMONIS LIBRI DUO: PARS II

Liber sapientiae, Ecclesiasticus

ED. C. M. HERZOG, VERLAG BOD

ISBN: 9 783753 402802 (Paperback)